BEI GRIN MACHT SICH IHR
WISSEN BEZAHLT

- Wir veröffentlichen Ihre Hausarbeit,
  Bachelor- und Masterarbeit

- Ihr eigenes eBook und Buch -
  weltweit in allen wichtigen Shops

- Verdienen Sie an jedem Verkauf

Jetzt bei www.GRIN.com hochladen
und kostenlos publizieren

Bewegungskonzept für postmenopausale Frauen mit Osteopenie

Sekundärpräventives multimodales Bewegungsprogramm

Elena Maier

Bibliografische Information der Deutschen Nationalbibliothek:

Die Deutsche Nationalbibliothek verzeichnet diese Publikation in der Deutschen Nationalbibliografie; detaillierte bibliografische Daten sind im Internet über http://dnb.d-nb.de abrufbar.

ISBN: 9783346555960
Dieses Buch ist auch als E-Book erhältlich.

© GRIN Publishing GmbH
Nymphenburger Straße 86
80636 München

Druck und Bindung: Books on Demand GmbH, Norderstedt Germany
Gedruckt auf säurefreiem Papier aus verantwortungsvollen Quellen

Das vorliegende Werk wurde sorgfältig erarbeitet. Dennoch übernehmen Autoren und Verlag für die Richtigkeit von Angaben, Hinweisen, Links und Ratschlägen sowie eventuelle Druckfehler keine Haftung.

Das Buch bei GRIN: https://www.grin.com/document/1159452

Deutsche Hochschule für
Prävention und Gesundheitsmanagement
Hermann-Neuberger-Sportschule 3
66123 Saarbrücken

Hausarbeit

Name, Vorname	Maier, Elena
Studiengang	Prävention und Gesundheitsmanagement
Studienmodul	Sport- und Bewegungstherapie Orthopädie/Rheumatologie/Traumatologie II
Datum Präsenzphase (siehe Ergebnisdokumentation)	23.-26. August 2021
Aufgabe	Sekundärpräventives multimodales bewegungsbezogenes Kursprogramm für postmenopausale Frauen mit Osteopenie

Inhaltsverzeichnis

1 Analyse der Ausgangssituation

Im Rahmen der Hausarbeit wird ein sekundärpräventives multimodales bewegungsbezogenes Kursprogramm zur Sekundärprävention von Osteoporose für postmenopausale Frauen mit Osteopenie ausgearbeitet. Das Konzept besteht sowohl aus trainingspraktischen als auch aus Informationssequenzen.

Zur besseren Lesbarkeit wird auf die gleichzeitige Verwendung weiblicher und männlicher Sprachformen verzichtet und das generische Maskulinum verwendet. Personenbezeichnungen und personenbezogene Wörter gelten für alle Geschlechter.

1.1 Konzeptanbieter

Das Kursprogramm zur Sekundärprävention von Osteoporose wird für den Konzept-anbieter Rehaphysiomed erstellt. Das Rehaphysiomed ist ein Physiotherapie- und Gesundheitszentrum in Burgrieden (Baden-Württemberg).

Laut Inhaber Thomas Hafner (persönl. Mitteilung, 30.08.2021) liegen die Kernkompetenzen des Betriebs bislang in
- Physiotherapie
- Osteopathische Therapie
- Rehabilitationssport
- T-RENA
- Fitnesstraining (Fitnessstudio und Fitnesskurse)
- Wellnessbehandlungen.

Im Rahmen der Hausarbeit soll dieses Leistungsspektrum fiktiv um das Kursprogramm zur Sekundärprävention von Osteoporose ergänzt werden.

Das Rehaphysiomed in Burgrieden bietet folgende personelle Ressourcen:
- 8 Physiotherapeuten
- 1 Osteopathischer Therapeut
- 3 Sport- und Bewegungstherapeuten
- 1 Bürokauffrau
- 4 Rezeptionsfachkräfte

Der hauseigene Kursraum hat eine Größe von 99 m² und ist mit folgenden Geräten ausgestattet:

- Gymnastikmatten
- Gymnastikstäbe
- Pezzi-Bälle
- TOGU Bälle
- Therabänder (T. Hafner, persönl. Mitteilung 30.08.2021)
- Step-Bretter

1.2 Zielgruppe des Konzepts

Das Kurskonzept wird zur Sekundärprävention von Osteoporose erstellt. Der Schwerpunkt liegt darauf, möglichst früh einem Knochenmasseverlust entgegenzuwirken bzw. diesen zu verlangsamen. Das Kurskonzept spezialisiert sich auf Frauen mit der Diagnose Osteopenie. Für diese Zielgruppe liegt eine hohe Risikoexposition für Osteoporose vor, welcher durch gezieltes Training entgegengewirkt werden soll. Die konkreten Ein- und Ausschlusskriterien zur Teilnahme am Kurs werden in Tabelle 1 definiert:

Tab. 1: Ein- und Ausschlusskriterien für die anvisierte Zielgruppe (eigene Darstellung)

Einschlusskriterien	Ausschlusskriterien
Frauen nach der Menopause	Frauen vor der Menopause, Männer
Diagnose: Osteopenie	Personen ohne Osteopenie oder mit Diagnose Osteoporose
T-Score zwischen -1 und -2,5 SD, noch keine Frakturen	T-Score ≤ - 2,5 SD Präklinische/manifeste Osteoporose
Vorliegen einer ärztlichen Sporttauglichkeitsuntersuchung	Vorliegen eines ärztlichen Sportverbots oder starke körperliche Einschränkungen (kein selbstständiges Gehen / (Auf-)Stehen mehr möglich)

Zur Untermauerung der Notwendigkeit des Kurskonzepts stellt Tabelle 2 grundlegende epidemiologische Daten in Bezug auf Osteoporose dar:

Tab. 2: Epidemiologische Grundlagen (eigene Darstellung)

Nr.	Epidemiologische Grundlagen
1.	Jede vierte Frau über 50 Jahre erkrankt an Osteoporose. Über die Hälfte davon erleidet innerhalb von vier Jahren nach Diagnosestellung eine osteoporosebedingte Fraktur (Kyvernitakis & Hadji, 2016, S. 198).
2.	24% der Frauen hatten im Jahr 2009 die Diagnose einer Osteoporose, osteoporotischer Frakturen oder eine Osteoporosemedikation (Dachverband Osteologie, 2017, S. 4-10).
3.	Die Prävalenz bei postmenopausalen Frauen im Alter von 50-60 Jahren liegt bei ca. 15%, bei Frauen im Alter von mehr als 70 Jahren bei 45% (Dachverband Osteologie, 2017, S. 1).
4.	Durch die demographische Bevölkerungsentwicklung in Deutschland ist mit einer deutlichen Zunahme der Osteoporoseprävalenz zu rechnen (Kyvernitakis & Hadji, 2016, S. 198).
5.	40-50% der Frauen mit diagnostizierter Osteoporose erleiden mindestens einmal einen osteoporosebedingten Knochenbruch (Robert-Koch-Institut, 2015, S. 72).
6.	Für Frauen über 50 Jahre werden die folgenden Risiken für Knochenbrüche geschätzt: Wirbelkörperfraktur 32%, Unterarmfraktur 16%, Oberschenkelhalsfraktur 15% (Bartl, 2011, S. 2).
7.	Osteoporose bedingte Frakturen stellen im Alter eine der Hauptursachen für funktionelle Einschränkungen, chronische Schmerzen, Behinderungen, erhöhte Morbidität und erhöhte Mortalität dar. Frakturfolgen können zu Verlust an Lebensqualität, Isolation, Einschränkung der Selbstständigkeit, Autonomie im Alter und Einweisung ins Pflegeheim führen (Dachverband Osteologie, 2008, S. 1).
8.	Osteoporose-assoziierte periphere Wirbelkörperfrakturen sind mit einer erhöhten Mortalität verbunden. Zudem wird eine niedrige Knochendichte mit einem erhöhten kardiovaskulären Risiko assoziiert (Dachverband Osteologie, 2017, S. 4-10).

Die epidemiologischen Daten untermauern die Notwendigkeit des Kursprogramms deutlich. Die hohe und künftig steigende Prävalenz der Osteoporose für Frauen und die mit Osteoporose einhergehenden Folgen fordern dringend nach einem Kurskonzept, welches die Krankheit Osteoporose verhindert bzw. deren Eintritt verzögert. Betroffene sollen Risikofaktoren sowie Präventions- und Behandlungsmöglichkeiten der Osteoporose kennenlernen, um selbst der Krankheit entgegenwirken und den Knochenmasseverlust möglichst gering halten zu können. Bereits existierende Beschwerden der Personen sollen gelindert und Frakturen sowie andere Folgen verhindert werden. Die postmenopausalen Frauen mit Diagnose Osteopenie sollen dabei unterstützt werden, mit der Krankheit umzugehen, den Krankheitsverlauf zu mildern und ein Leben möglichst selbstständig und mit wenigen Einschränkungen leben zu können.

Nicht nur aus Sicht der Patienten ist ein Kurskonzept mit präventivem Ansatz von Bedeutung, sondern auch aus gesundheitsökonomischer Sicht. Die Kosten für die Behandlung von Osteoporose einschließlich der Folgekosten lagen in Deutschland im Jahr 2003 bei über 5,4 Mrd. Euro, so die Ergebnisse der Bone-Eva-Studie (Institut für Gesundheit und Sozialforschung, 2006). Durch ein frühzeitig ansetzendes Kursprogramm könnten Folgen der Osteoporose verhindert und damit die Kosten gesenkt werden.

Tabelle 3 stellt mögliche Barrieren für die Teilnahme am Kurskonzept und gezielte Strategien zur Überwindung dieser Barrieren dar:

Tab. 3: Mögliche Barrieren und gezielte Strategien zur Überwindung (eigene Darstellung)

Barrieren für die Teilnahme	Strategien zur Überwindung
Negative Konsequenzerwartungen: Die Personen fürchten eine Verschlechterung der Beschwerden durch Sport.	Eine Informationsveranstaltung vor Start des Kurskonzepts und die Informationssequenzen im Kurs sollen negative Konsequenzerwartungen aufheben und die positiven Aspekte und Auswirkungen durch Sport hervorheben.
Situative Barrieren: Kurzfristige Termine, schlechtes Wetter, spontaner Besuch etc.	Bonus-System: Wer alle Termine des Kursprogramms vor Ort wahrgenommen hat, bekommt nach Abschluss 5% der Kursgebühr zurückerstattet.
Entfernung zum Trainingsort	Möglichkeit der Online-Teilnahme am Kurs: Alle Einheiten werden live aufgezeichnet. So können Personen mit einer großen Entfernung zum Trainingsort online teilnehmen.
Kosten für die Teilnahme	Das Kurskonzept soll als Präventionskonzept zertifiziert werden. Dadurch werden die Kosten für die Teilnahme am Kurs (zum Teil) von Krankenkassen bezuschusst.
Kein Equipment (Trainingsgeräte)	Das nötige Equipment für die Kurse muss nicht mitgebracht werden, sondern wird bereitgestellt. Für Online-Teilnehmer besteht die Möglichkeit, das Equipment über den Rehaphysiomed-Online-Shop zu erwerben.
Fehlende Motivation	Durch viele Gruppenaktivitäten soll das Gemeinschaftsgefühl der Teilnehmer gestärkt und damit eine hohe Motivation aufgebaut werden. Durch wechselnde Trainingsinhalte wird Langeweile und Einseitigkeit im Kurs vorgebeugt.
Zu wenig Erfahrung oder Können	Das Kurskonzept ist sowohl für Anfänger als auch Erfahrene Sportler ausgelegt. Für alle Übungen werden entsprechend den Vorerfahrungen und der Leistungsfähigkeit der Teilnehmer verschiedene Übungsvarianten angeleitet.

2 Zielsetzung und Ableitung von übergeordneten Konzeptinhalten

2.1 Zielsetzung des Konzepts

Aus der Analyse der oben genannten Daten ergeben sich folgende Konzeptziele:

Tab. 4: Konzeptziele (eigene Darstellung)

Konzeptziel	Begründung
Einstellung und Verhalten der Teilnehmer: Wissen und Hintergründe zu Osteoporose und den Umgang damit vermitteln - Entwicklung von Coping-Strategien im Umgang mit Osteoporose - Abbau von Ängsten (Schmerzwahrnehmung/-bewertung, Aktivierungs- / Vermeidungsstrategien) - Psychische Belastbarkeit durch die Anwendung von Entspannungsverfahren verbessern	Es soll der richtige Umgang mit der Krankheit erlernt werden: - osteoporosegerechte Bewegung und Ernährung - Präventions- und Therapiemöglichkeiten - psychische Entlastung durch Aufklärung - gegenseitige Unterstützung Betroffener durch Gruppen, ‚Wir-Gefühl' hervorrufen
Teilnehmer zu körperlicher Aktivität heranführen, zu eigenständiger Durchführung motivieren - Positive Einstellung zu Sport entwickeln - Motivation zur selbstständigen Durchführung von Sport entwickeln - Hemmschwellen für Sport abbauen - Angst vor körperlicher Bewegung abbauen	Mit diesem Ziel sollen die Teilnehmer vor allem eine persönliche Bindung und positive Assoziationen zu Sport entwickeln. Durch gute Erfahrungen mit Bewegung sollen ein positives Mindset, Motivation und Gemeinschaft entstehen.
Körperliche Fitness durch Kraft-, Ausdauer- und Koordinationstraining verbessern - Verbesserung der Kraft - Verbesserung der Ausdauer - Verbesserung der Koordination	Nicht nur in Hinblick auf die Knochenfestigkeit und den Knochenmasseverlust ist die körperliche Fitness von Bedeutung. Die Teilnehmer sollen zudem von einem guten körperlichen Wohlbefinden und Allgemeinzustand profitieren.
Sturzprophylaxe durch regelmäßiges Training	Als Hauptrisikofaktoren für einen Sturz gelten muskuläre Schwäche und Gleichgewichtsstörungen. Die Sturzhäufigkeit kann durch regelmäßiges Training der motorischen Fähigkeiten deutlich reduziert werden (Felsenberg & Dietzel, 2007, S. 4). Trainingsinhalte zur Sturzprophylaxe sollten eine Kombination aus speziellem Gleichgewichtstraining und angepasstem Kraft-, Ausdauer- und Beweglichkeitstraining sein (von Stengel, Engelke & Kemmler, 2004, S. 16-17).
Knochenmasseverlust verlangsamen / verhindern, Knochenfestigkeit erhöhen, Osteoporose verhindern	Es besteht eine hohe Evidenz dafür, dass körperliches Training die Rate des postmenopausalen Knochenmasseverlustes reduzieren kann (Shea, Bonaiuti, Iovene, Negrini, Robinson, Kemper et al., 2004, S. 199-209).

Konzeptziel	Begründung
Psychosozialer Zustand der Teilnehmer verbessern	Durch Kennenlernen anderer Betroffener und regelmäßige Gruppenaktivitäten soll Gruppenzusammenhalt und ein ‚Wir-Gefühl' entwickelt werden. Ziel ist es, den psychischen Zustand, die Compliance und die Selbstwirksamkeitserwartungen der Teilnehmer zu stärken.
Positive Bewegungserfahrungen vermitteln	Betroffenen soll die Angst vor Bewegung und Schmerzen sowie negative Konsequenzerwartungen genommen werden. Stattdessen sollen sie erfahren, welche positiven und wohltuenden Effekte Bewegung für sie hat.
Beeinflussbare Risikofaktoren abbauen	Zu den selbst beeinflussbaren Risikofaktoren zählen laut Bartl (2011, S. 50-53): - Chronischer Bewegungsmangel - Übermäßige sportliche Aktivität - Körpergewicht („Dünne Frauen, dünne Knochen") - Knochendichte - Depressive Stimmungslage - Rauchen - Alkoholismus - Regelmäßiger starker Kaffeekonsum - Fehlernährung - Hormone - Medikamente - Fallneigung Der Kurs soll durch die praktischen sowie theoretischen Inhalte die Kompetenzen und das Bewusstsein der Teilnehmer verbessern und sie damit zum selbstständigen Abbau von Risikofaktoren überzeugen.
Relevanz der richtigen Ernährung vermitteln	Für eine knochengesunde Lebensführung wird eine Kalziumaufnahme von 1.200 bis 1.500 mg täglich empfohlen. Untergewicht (BMI < 20) sollte vermieden werden (Baum & Peters, 2008, S. 577).

2.2 Ableitung von übergeordneten Konzeptinhalten

Anhand der Zielsetzungen des Konzepts werden übergeordnete zielgruppenadäquate Konzeptinhalte abgeleitet und anhand empirischer Belege begründet. Tabelle 5 stellt dies dar:

Tab. 5: Konzeptinhalte (eigene Darstellung)

Konzeptinhalt	Begründung
Krafttraining	Laut Baumeister (2005, S. 27) stellt das dynamische gerätegestützte Krafttraining die ideale Trainingsform zur Erhöhung der Knochenfestigkeit in der Osteoporoseprävention dar. Bedingung dafür ist ein Training mit hoher Intensität und fortlaufender Belastungsprogression, um schwellenüberschreitende Kräfte (Loads) und Verformungen des Knochens (Strains) zu erzeugen. Ein weiterer Grund für das Krafttraining ist die signifikante Abnahme der Arm- und Beinkraft bei postmenopausalen Frauen (Karner-Nechvile, 2006, S. 4). Dem soll mit Krafttraining entgegengewirkt werden.

Impact-Training	Studien beweisen, dass vor allem Sportler, die High-Impact-Sportarten betreiben, eine hohe Knochendichte aufweisen (Reents, 2007). Der Review von Kemmler und Engelke (2004, S. 71) fasst zusammen, dass Impactbelastungen bei postmenopausalen Frauen die Knochenmineraldichte in Hüfte und Lendenwirbelsäule erhöht. In einer Langzeitstudie von Snow, Shaw, Winters und Witzke (2000) führten postmenopausale Frauen mit niedriger Knochendichte ein Sprungtraining mit Zusatzlast durch (50-100 Sprünge, 3-mal wöchentlich über einen Zeitraum von fünf Jahren). Es konnte gezeigt werden, dass das Training die Knochendichte erhalten bzw. leicht erhöht hat.
Koordinationstraining	Durch Koordinationstraining sollen Stürze und damit auch Frakturen verhindert werden. Wilke und Froböse (2003, S. 158) bestätigen, dass ein spezielles Gleichgewichts- und Reaktionsfähigkeitstraining zu besserer Balance, Haltungskontrolle und -stabilität, Bewegungssicherheit und Reaktionsfähigkeit führt.
Ausdauertraining	Das Ausdauertraining wird hauptsächlich zur Verbesserung des Herz-Kreislauf-Systems und zur Reduktion von kardiovaskulären Risikofaktoren, welche nach der Menopause und im höheren Alter auftreten können, durchgeführt. Zudem beweist eine Metaanalyse von Wallace und Cumming (2000), dass Ausdaueraktivitäten mit zusätzlichem Impact die Knochenmasseverlustrate an der Wirbelsäule durchschnittlich um 1,3% und am Oberschenkelhals um ca. 0,5% pro Jahr reduzieren können.
Beweglichkeitstraining	Zur Sturzprophylaxe, dem Verbessern der allgemeinen Befindlichkeit und dem Erhalt der motorischen Fähigkeiten wird ergänzend ein Beweglichkeitstraining durchgeführt.

3 Darstellung und Organisation der Konzeptinhalte

3.1 Grobgliederung des Konzeptes

Das Bewegungskonzept erstreckt sich über einen Zeitraum von zwei Monaten. In dieser Zeit findet zweimal wöchentlich eine Kurseinheit für die Dauer von jeweils 90 Minuten statt. Die Programmeinheiten sind nach verschiedenen Modulen aufgebaut:

1. Einführungsteil:

   Einstimmung, Möglichkeit zum Austausch der Teilnehmer, Rückblick auf die letzten Einheiten, Klärung von Fragen / Problemen, Erläuterung von Vorsichtsmaßnahmen und Kontraindikationen

2. Informationsteil:

   Vermittlung von Wissen über die Entstehung, Prävention und Therapie von Osteoporose

3. Bewegungspraxis:

   Warm-Up, Hauptteil (je nach Thema der Einheit), Cool-Down

4. Entspannung:

   Übungen zur psychischen und physischen Entspannung

5. Ausklang:

   Reflexion der Kurseinheit, Austausch innerhalb der Gruppe

Die einzelnen Punkte dienen als grober Rahmen zur Gestaltung der Kurseinheit. Der Kursleiter hat die Freiheit, die Module je nach Bedarf miteinander zu kombinieren.

Die folgende Tabelle stellt die Grobgliederung für das Bewegungskonzept dar.

Tab. 6: Grobgliederung des Bewegungskonzepts (eigene Darstellung)

Kurseinheit	Lerninhalt	Lernziel
Woche 1		
Einheit 1	Informationsteil: Grundlagen Osteoporose	Vermittlung von Wissen zur Definition, Klassifikation, Ätiologie und Pathogenese der Osteoporose
	Bewegungspraxis: Step-Aerobic	Ausdauer- und Impact-Training, positive Bewegungserfahrungen, Körperwahrnehmung, Steigerung des Wohlbefindens, Schmerzlinderung
Einheit 2	Informationsteil: Klinik, Symptome, Folgen	Vermittlung von Wissen zu Klinik, Symptome, Folgen der Osteoporose
	Bewegungspraxis: Krafttraining	Ängste abbauen, Heranführung an Krafttraining, Kennenlernen der Geräte und Übungen, positive Bewegungserfahrungen, Körperwahrnehmung Wohlbefinden, Schmerzlinderung, Kraftaufbau
Woche 2		
Einheit 1	Informationsteil: Risikofaktoren der Osteoporose	Aufklärung, Risikofaktoren reduzieren, Verhaltensweisen verbessern, Stärkung der Selbstwirksamkeit, Ängste reduzieren
	Bewegungspraxis: Trainings-Parcour (Kombination aus Ausdauer, Kraft und Koordination)	Positive Bewegungserfahrungen, Körperwahrnehmung, Abbau von Ängsten, positive Erfahrungen sammeln, Gruppengemeinschaft stärken
Einheit 2	Informationsteil: Aufbau und Funktion der Wirbelsäule und Hüfte	Wissen über Wirbelsäule und Hüfte vermitteln, da diese am meisten von Osteoporose betroffen sind
	Bewegungspraxis: Krafttraining	Ängste abbauen, positive Bewegungserfahrungen, Körperwahrnehmung, Steigerung des Wohlbefindens, Schmerzlinderung, Kraftaufbau
Woche 3		
Einheit 1	Informationsteil: Rolle der körperlichen Aktivität bei Osteoporose	Vermittlung von Wissen über die Auswirkung körperlicher Aktivität, verschiedene Belastungsformen, Rolle der Muskulatur etc.
	Bewegungspraxis: Nordic-Walking	Hinführung zu eigenständigem Training, Freude an Bewegung, Ausdauer verbessern, Gruppengefühl stärken, Steigerung des Wohlbefindens
Einheit 2	Informationsteil: Osteoporose-Prävention	Ängste reduzieren, Verhaltensweisen erarbeiten, Selbstwirksamkeit stärken
	Bewegungspraxis: Krafttraining	An Krafttraining als regelmäßigen Bestandteil des Lebens gewöhnen, Routine entwickeln, Abbau von Ängsten, positive Bewegungserfahrungen, Körperwahrnehmung, Steigerung des Wohlbefindens, Schmerzlinderung, Kraftaufbau
Woche 4		
Einheit 1	Informationsteil: Therapeutische Ansätze bei Osteoporose	Wissensvermittlung zu (nicht-) medikamentösen Therapiemöglichkeiten

	Bewegungspraxis: Völkerball	Positive Bewegungserfahrungen mit plötzlichen Richtungswechseln / abrupten Abstoppbewegungen, Körperwahrnehmung, Ängste abbauen, positive Erfahrungen sammeln, Gruppengemeinschaft stärken
Einheit 2	Informationsteil: Bedeutung von Krafttraining bei Osteoporose	Wissensvermittlung zur Bedeutung von Krafttraining
	Bewegungspraxis: Krafttraining	An Krafttraining als regelmäßigen Bestandteil des Lebens gewöhnen, Routine entwickeln, Abbau von Ängsten, positive Bewegungserfahrungen, Körperwahrnehmung, Steigerung des Wohlbefindens, Schmerzlinderung, Kraftaufbau
Kurseinheit	**Lerninhalt**	**Lernziel**
Woche 5		
Einheit 1	Informationsteil: Bedeutung von Impact-Training bei Osteoporose	Wissensvermittlung zur Bedeutung von Impact-Training bei Osteoporose
	Bewegungspraxis: Hindernis-Parcour	Positive Bewegungserfahrungen mit plötzlichen Richtungswechseln und abrupten Abstoppbewegungen, Körperwahrnehmung, Abbau von Ängsten, positive Erfahrungen sammeln, Gruppengemeinschaft stärken
Einheit 2	Informationsteil: Bedeutung von Koordinationstraining bei Osteoporose	Wissensvermittlung zur Bedeutung von Koordinationstraining
	Bewegungspraxis: Krafttraining	Routine, Abbau von Ängsten, positive Bewegungserfahrungen, Körperwahrnehmung, Steigerung des Wohlbefindens, Schmerzlinderung, Kraftaufbau
Woche 6		
Einheit 1	Informationsteil: Bedeutung von Ausdauertraining bei Osteoporose	Wissensvermittlung zur Bedeutung von Ausdauertraining
	Bewegungspraxis: High-Impact Aerobic	Hinführung zu eigenständigem Training, Freude an Bewegung, Ausdauer verbessern, Gruppengefühl stärken, Steigerung des Wohlbefindens
Einheit 2	Informationsteil: Bedeutung von Beweglichkeitstraining von Osteoporose	Wissensvermittlung zur Bedeutung von Beweglichkeitstraining
	Bewegungspraxis: Krafttraining	Siehe oben
Woche 7		
Einheit 1	Informationsteil: Knochenbewusste Ernährung	Wissensvermittlung zu knochenbewusster Ernährung
	Bewegungspraxis: Seilspringen und Gleichgewichtstraining	Positive Bewegungserfahrungen mit Sprüngen und instabilem Untergrund, Körperwahrnehmung verbessern, Abbau von Ängsten, positive Erfahrungen sammeln, Gruppengemeinschaft stärken
Einheit 2	Informationsteil: Kalzium-/ Vitamin-D-Substitution	Wissensvermittlung zu Kalzium-/ Vitamin-D-Substitution
	Bewegungspraxis: Krafttraining	Siehe oben

Woche 8		
Einheit 1	Informationsteil: Sturz-prophylaxe	Wissensvermittlung zu Sturzprophylaxe
	Bewegungspraxis: Walking mit Zusatzge-wicht	Hinführung zu eigenständigem Training, Freude an Bewegung, Ausdauer verbessern, Gruppengefühl stärken, Steigerung des Wohlbefindens
Einheit 2	Bewegungspraxis: Kraft-training	Siehe oben
	Abschluss: Gemeinsames Essen nach Kurseinheit, Verabschiedung	Gemeinsamer Ausklang, Gruppenzusammenhalt

3.2 Exemplarische Konzepteinheit

Im Folgenden wird die Nordic-Walking-Einheit in Hinblick auf Lernziele, Lerninhalte, Be-lastungsgefüge sowie zeitliche Struktur im Detail dargestellt:

Tab. 7: Darstellung der Nordic-Walking-Einheit (eigene Darstellung)

Phase, Zeit	Lerninhalt	Lernziel	Belastungsgefüge
Begrüßung (1 min)	Vorstellung Kursleiter	Informationen zum Kursleiter erhalten	-
Informations-phase (4 min)	Informationen zur folgenden Kurseinheit, Sicherheitshin-weise	Einstimmung, Wissensver-mittlung, Motivation	-
Allgemeines Aufwärmen (5 min)	Aufwärm-Spiel: 2 Teams, je-des erhält einen aufgeblase-nen Wasserball. Dieser soll so lange wie möglich in der Luft gehalten werden, ohne den Boden zu berühren. Es ist nicht erlaubt, dass ein Teil-nehmer den Ball zweimal hin-tereinander berührt. Wer den Ball länger in der Luft hält, erhält einen Punkt.	Kommunikation fördern, Freude wecken, mit anderen Teilnehmern in Kontakt treten, Gruppendynamik fordern, Herz-Kreislauf-Er-wärmung	Das Team, welches zuerst drei Punkte erreicht, gewinnt. Hilfsmittel: Wasserball
Spezielles Aufwärmen (10 min)	Grundschritte ohne Step: - March - Step Touch - V-/A-Step - In-/Out/Out-Out - Kneelift - Side to Side - Grapevine - Double Step - Leg Curl	Kennenlernen der Grund-schritte, Sicherheitsgefühl, Rhythmus wahrnehmen, Körperwahrnehmung und Koordination fördern, Herz-Kreislauf-Erwärmung	Zwei Durchgänge: 1. Jede Schrittfolge 5 x 8 Zählzeiten ohne Arme 2. Jede Schrittfolge 5 x 8 Zählzeiten mit Armen Hilfsmittel: Musik
Hauptteil (30 min)	Aerobic-Schritte mit Step: - March - Basic Step - V-/A-Step - Turn-Step - Knee Lift - Leg Curl - Lunge - Box Step - Cha Cha - Low Kick - Over the top	Kennenlernen der Schritte mit Step, Rhythmusgefühl und Koordination verbes-sern, Angst vor Sprüngen / hoher Belastung nehmen, Freude an Bewegung, hoher Impact, Kraft, Koordination und Ausdauer verbessern	Zwei Durchgänge: 1. Jede Schrittfolge 5 x 8 Zählzeiten ohne Arme 2. Jede Schrittfolge 5 x 8 Zählzeiten mit Armen Hilfsmittel: Musik, Step
Cool-Down (8 min)	Dehnen im Stand: - Lateralflexion - Ausfallschritt (hintere Ferse in Bodenkontakt) - Oberschenkelvorderseite (Ferse zum Gesäß ziehen)	Beweglichkeit fördern, Entspannung, Körperwahr-nehmung, Atem- und Herz-frequenz senken, Wohlbefin-den erhöhen, Atem bewusst wahrnehmen	3-mal 30s an der Dehngrenze (Beginn des Dehnschmerzes) Hilfsmittel: Wand

	- Brustmuskulatur (Stand seitlich zur Wand, Arm an gewinkelt in Schulterhöhe gegen Wand drücken) - Hals-Nacken-Muskulatur (Kopf zur Seite neigen, ge gengleichen Arm mit Hand fläche zum Boden drücken)		
Abschied (2 min)	Kurzer Ausblick auf nächste Stunde, Abschied	Fragen klären, Verabschiedung	-

4 Konzeptevaluation

Um den Erfolg des Kursprogramms messbar zu machen, werden folgende Instrumente bzw. Tests eingesetzt:

Tab. 8: Konzeptevaluation (eigene Darstellung)

Maßnahme	Begründung
Osteodensitometrie	Durch die Knochendichtemessung mittels DXA-Methode vor Beginn und nach Ende des Kurskonzepts lässt sich der Verlust der Knochenmasse messen. Da es sich nicht um eine wissenschaftliche Studie handelt, lässt sich hieraus kein Rückschluss auf die Wirksamkeit des Kurskonzepts schließen. Dennoch ist der T-Score ausschlaggebend für die Sportfähigkeit.
Motorische Basis-diagnostik	Durch das Screening-Verfahren vor Beginn und nach Ende der Konzepteinheit lassen sich Veränderungen der motorischen Fähigkeiten Beweglichkeit, Kraft, Koordination und Ausdauer beurteilen.
Isometrischer Krafttest der Rumpfmuskulatur	Durch den Vergleich der Testergebnisse zu Beginn und zum Ende des Konzepts lässt sich die Veränderung der Kraft in der Rumpfmuskulatur messen.
WHO-5-Fragebogen	Durch den Fragebogen der Weltgesundheitsorganisation kann das psychische Wohlbefinden einfach erfasst werden. Der Test wird zu Beginn und zu Ende des Programms durchgeführt, um eine Veränderung evaluieren. Es ist zu beachten, dass tagesabhängige Schwankungen das Ergebnis verfälschen können. Der Test soll zur groben Orientierung dienen.
Schmerzskala	Durch die Bewertung der Schmerzen vor Beginn und nach Ende des Kurskonzepts können Rückschlüsse darüber gezogen werden, ob sich durch das Training das subjektive Schmerzempfinden der Teilnehmer verändert hat.

13

5   Literaturverzeichnis

Bartl, R. (2011). *Osteoporose. Prävention, Diagnostik, Therapie* (4., vollst. überarb. und erw. Aufl.). Stuttgart: Thieme.

Baum, E. & Peters, K. M. (2008). The diagnosis and treatment of primary osteoporosis according to current guidelines. *Deutsches Ärzteblatt international, 105* (33), 573-581.

Baumeister, A. (2005). *Verhalten der Knochenmasse postmenopausaler Frauen unter fortlaufend adaptierendem Krafttraining an konventionellen Kraftmaschinen sowie an oszillierenden Geräten ohne und unter Hormoneinfluss.* Dissertation, Technische Universität München. München.

Dachverband Osteologie (Hrsg.). (2014). *Prophylaxe, Diagnostik und Therapie der Osteoporose bei Männern ab dem 60. Lebensjahr und bei postmenopausalen Frauen. Leitlinie des Dachverbands der Deutschsprachigen Wissenschaftlichen Osteologischen Gesellschaften e.V.* Stuttgart: Hrsg.

Dachverband Osteologie (Hrsg.). (2017). *Prophylaxe, Diagnostik und Therapie der Osteoporose bei postmenopausalen Frauen und bei Männern. Leitlinie des Dachverbands der Deutschsprachigen Wissenschaftlichen Osteologischen Gesellschaften e.V.* Stuttgart: Hrsg.

Dachverband Osteologie (Hrsg.) (2008). *Leitlinie Physiotherapie und Bewegungstherapie bei Osteoporose.* Berlin: Hrsg.

Felsenberg, D. & Dietzel, R. (2007). *Leitlinie Physiotherapie und Bewegungstherapie bei Osteoporose.*

Institut für Gesundheit und Sozialforschung. (2006). *Bone-Eva-Studie: Kosten der Osteoporose in Deutschland.* Berlin.

Karner-Nechvile, A. (2006). Krafttraining im Alter. *Physikalische Medizin und Rehabilitation, 2,* 4-8.

Kemmler, W. & Engelke K. (2004). A critical review of exercise training effects on bone mineral density (BMD) in early postmenopausal women. *International SportMed Journal, 1* (5), 67-77.

Kyvernitakis, I. & Kadji, P. (2016). Postmenopausale Osteoporose. *Gynäkologische Endokrinologie, 14* (3), 197-207.

Reents, S. (2007). *Exercise and Osteoporosis.* Zugriff am 03.09.2021. Verfügbar unter https://www.athleteinme.com/ArticleView.aspx?id=283

Robert Koch Institut. (Hrsg.). (2015). *Gesundheit in Deutschland* (Gesundheitsberichter-stattung des Bundes - Gemeinsam getragen von RKI und Destatis). Berlin.

Shea, B., Bonaiuti, D., Iovene, R., Negrini, S., Robnison, V., Kemper H. C. et al. (2004). Cochrane Review on exercise for preventing and treating osteoporisis in post-menopausal women. *Europa Medicaphysica, 40* (30), 199-209.

Snow, C. M., Shaw, J. M., Winters, K. M. & Witzke, K. A. (2000). Long-term exercise u-sing weighted vests prevents hip bone loss in postmenopausal women. *The journals of gerontology. Series A, Biological sciences and medical sciences, 55* (9), M489-91.

Stengel, S. von, Engelke, K. & Kemmler, W. (2004). Osteoporose: Vorbeugung durch Be-wegung und Sport. *Orthoprof, 5,* 14-18.

Wallae, B. A. & Cumming R. G. (2000). Systematic review of randomized trials of the effect of exercise on bone mass in pre- and post-menopausal women. *Calcif Tissue In-ternational, 67,* 10-18.

Wilke, C. & Fröböse, I. (2003). Sensomotorisches Training in der Therapie: Grundlagen und praktische Anwendung. In I. Fröböse, G. Nellessen & C. Wilke (Hrsg.), *Training in der Therapie. Grundlagen und Praxis* (2. Aufl., S. 139-174). München: Urban & Fi-scher.

6 Tabellenverzeichnis